Impressum
Verlag: BABADADA GmbH, Nedderfeld 112 , 22529 Hamburg
Geschäftsführer / Verlagsleitung: Harald Hof
Druck: Books on Demand GmbH, In de Tarpen 42, 22848 Norderstedt

Imprint
Publisher: BABADADA GmbH, Nedderfeld 112 , 22529 Hamburg, Germany
Managing Director / Publishing direction: Harald Hof
Print: Books on Demand GmbH, In de Tarpen 42, 22848 Norderstedt, Germany

school

shkolla

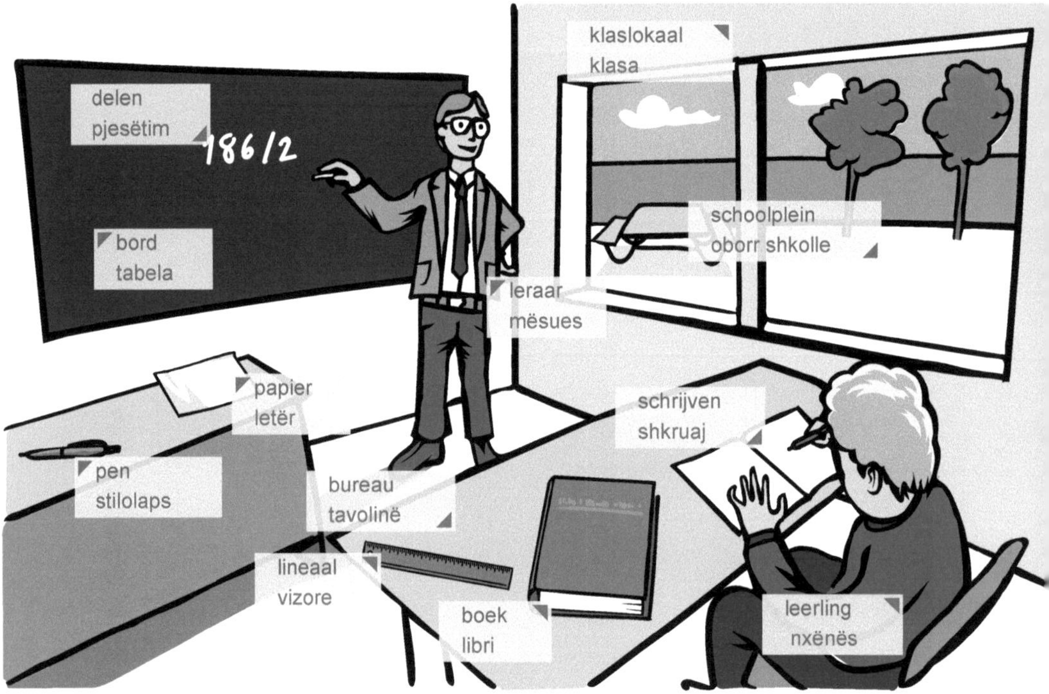

klaslokaal
klasa
delen
pjesëtim
186/2
bord
tabela
schoolplein
oborr shkolle
leraar
mësues
papier
letër
schrijven
shkruaj
pen
stilolaps
bureau
tavolinë
lineaal
vizore
boek
libri
leerling
nxënës

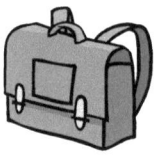

schooltas

çantë

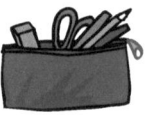

etui

mbajtëse lapsash

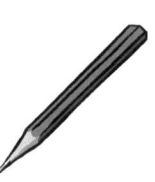

potlood

laps

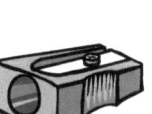

puntenslijper

mprehës lapsash

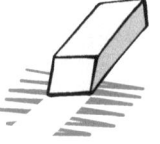

gum

gomë

schetsblok

fletore vizatimi

tekening

vizatim

penseel

penel

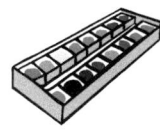

verfdoos

kuti bojërash

schaar

gërshërë

lijm

ngjitës

schrift

fletore detyrash

huiswerk

detyrë shtëpie

getal

numër

optellen

mbledh

aftrekken

zbres

vermenigvuldigen

shumëzoj

rekenen

llogaris

letter

gërmë

alfabet

alfabeti

woord

fjalë

tekst

tekst

lezen

lexoj

krijt

shkumës

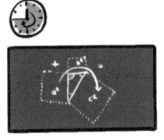

les

mësim

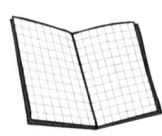

klassenboek

regjistër

examen

provim

diploma

çertifikatë

schooluniform

uniformë shkolle

opleiding

arsimim

encyclopedie

enciklopedia

universiteit

universitet

microscoop

mikroskop

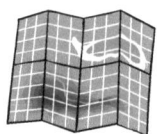

kaart

hartë

prullenmand

kosh letrash

hotel
hotel

Grand

hostel
bujtinë

ROOMS

wisselkantoor
pikë këmbimi valutor

ECHANGE

koffer
valixhe

auto
makinë

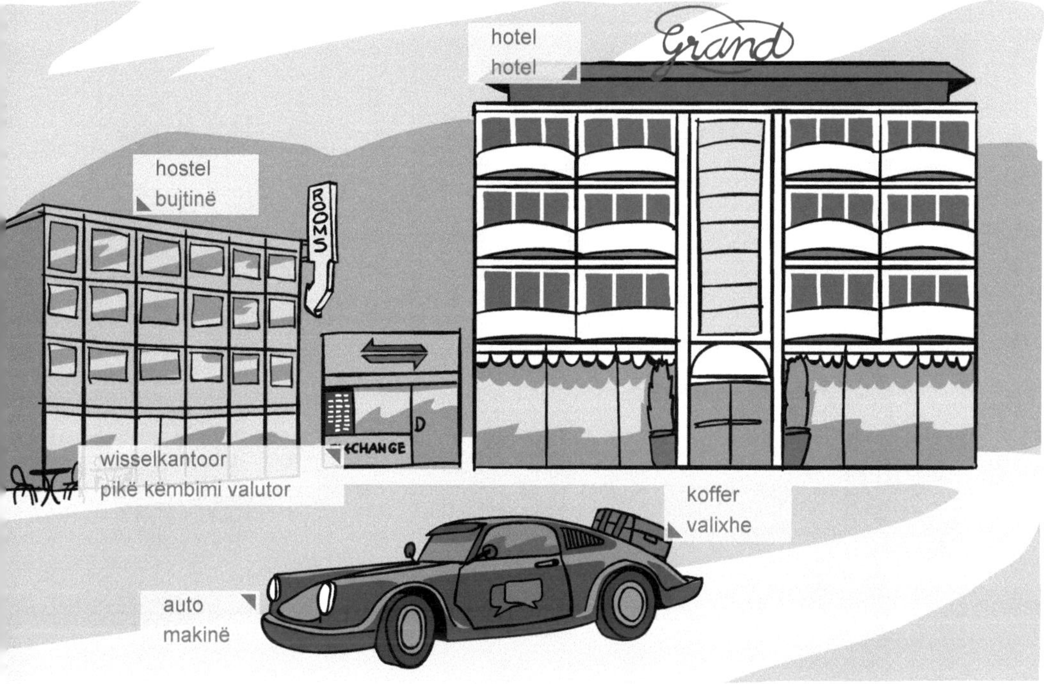

taal
gjuhë

ja / nee
po / jo

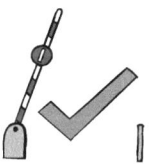

oké
Në rregull

Hallo!
ç'kemi

tolk
përkthyes

Bedankt.
Faleminderit

Wat kost ...?

sa kushton...?

Ik begrijp het niet.

nuk e kuptoj

probleem

problem

Goedenavond!

Mirëmbrëma!

Goedemorgen!

Mirëmëngjes!

Goedenacht!

Natën e mirë!

Tot ziens!

mirupafshim

richting

drejtim

bagage

bagazhet

tas

çantë

rugzak

çantë shpine

gast

mysafir

kamer

dhomë

slaapzak

thes gjumi

tent

tendë

VVV-kantoor

informacion për turistët

strand

plazh

creditkaart

kartë krediti

ontbijt

mëngjes

lunch

drekë

diner

darkë

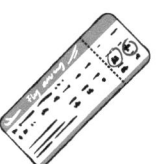

kaartje

Biletë

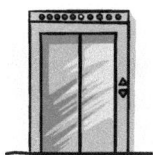

lift

ashensor

postzegel

pulla

grens

kufi

douane

doganë

ambassade

ambasadë

visum

vizë

paspoort

pasaportë

reis - udhëtim

transport
transport

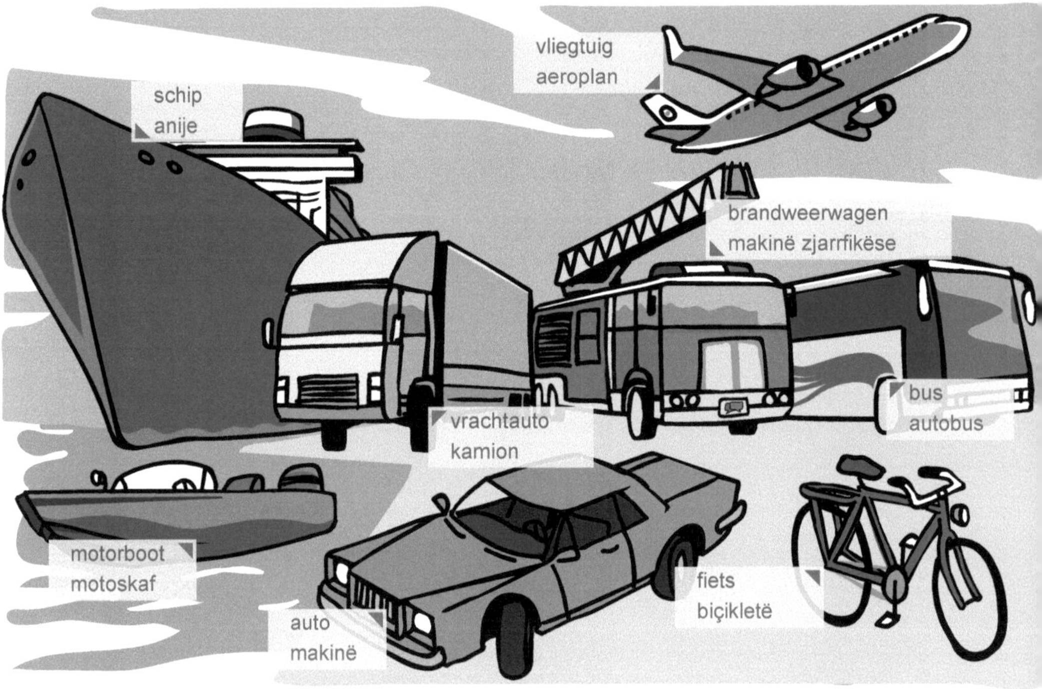
vliegtuig
aeroplan
schip
anije
brandweerwagen
makinë zjarrfikëse
vrachtauto
kamion
bus
autobus
motorboot
motoskaf
fiets
biçikletë
auto
makinë

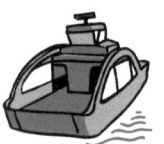

veerboot
traget

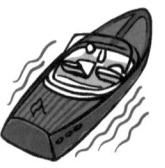

boot
varkë

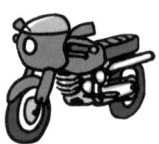

motorfiets
motoçikletë

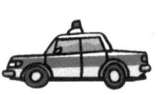

politiewagen
makinë policie

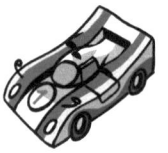

raceauto
makinë garash

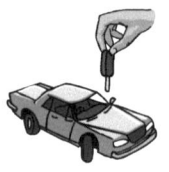

huurauto
makinë me qira

carsharing

ndarje e qirasë së makinës

takelwagen

karroatrec

vuilniswagen

makinë plehrash

motor

motor

benzine

benzinë

benzinepomp

pikë karburanti

verkeersbord

sinjalistikë trafiku

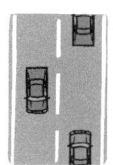

verkeer

trafik

file

bllokim trafiku

parkeerplaats

parkim makinash

station

stacion treni

rails

trase

trein

tren

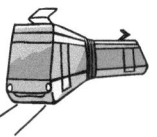

tram

tramvaj

wagon

karro

transport - transport

helikopter

helikopter

luchthaven

aeroport

toren

kullë

passagier

pasagjer

container

kontenier

verhuisdoos

kuti kartoni

kar

qerre

mand

shportë

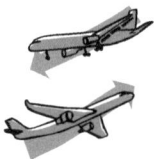

opstijgen / landen

ngrihem / ulem

stad

qytet

dorp

fshat

stadscentrum

qendra e qytetit

huis

shtëpi

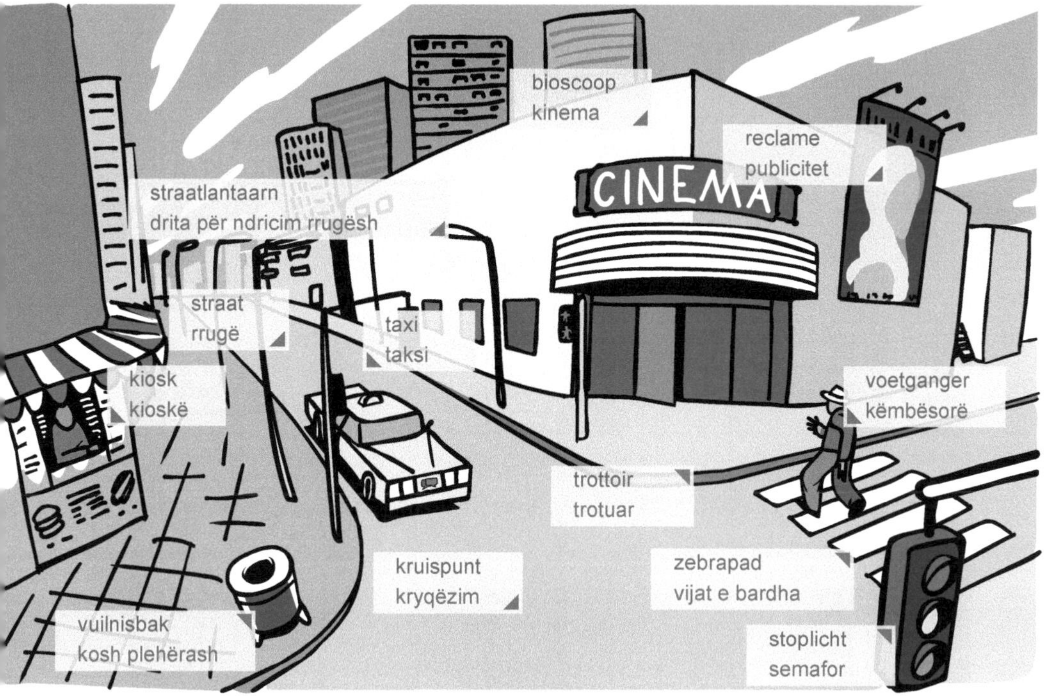

bioscoop
kinema

reclame
publicitet

straatlantaarn
drita për ndricim rrugësh

CINEMA

straat
rrugë

taxi
taksi

kiosk
kioskë

voetganger
këmbësorë

trottoir
trotuar

kruispunt
kryqëzim

zebrapad
vijat e bardha

vuilnisbak
kosh plehërash

stoplicht
semafor

hut
....
kasolle

appartement
....
apartament

station
....
stacion treni

stadhuis
....
bashki

museum
....
muze

school
....
shkolla

universiteit

universitet

bank

bankë

ziekenhuis

spital

hotel

hotel

apotheek

farmaci

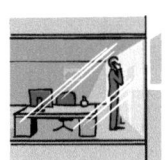

kantoor

zyrë

boekenwinkel

librari

winkel

dyqan

bloemenwinkel

dyqan lulesh

supermarkt

supermarket

markt

market

warenhuis

mapo

visboer

dyqan peshku

winkelcentrum

qëndër tregtare

haven

port

park
park

bank
stol

brug
urë

trap
shkallë

metro
metro

tunnel
tunel

bushalte
stacion autobuzi

bar
bar

restaurant
restorant

brievenbus
kuti postare

straatnaambord
sinjalistikë rrugore

parkeermeter
kohëmatës parkimi

dierentuin
kopsht zoologjik

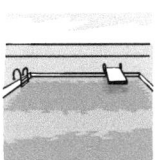

zwembad
pishinë

moskee
xhami

boerderij

fermë

vervuiling

ndotje

begraafplaats

varrezë

kerk

kishë

speelplaats

shesh lojërash

tempel

tempull

landschap
peisazh

blad
gjethe

wegwijzer
tabela orientuese

weg
rrugë

weide
livadh

steen
gurë

boom
pemë

wandelaar
ekskursionist

rivier
lumë

gras
bar

bloem
lule

vallei

luginë

berg

kodër

meer

liqen

bos

pyll

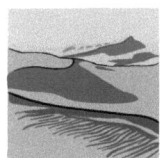

woestijn

shkretëtirë

vulkaan

vullkan

kasteel

kështjellë

regenboog

ylber

paddenstoel

kepudhë

palmboom

palmë

mug

mushkonjë

vlieg

mizë

mier

milingonë

bij

bletë

spin

merimangë

landschap - peisazh
15

kever

brumbull

kikker

bretkosë

eekhoorn

ketër

egel

iriq

haas

lepur

uil

buf

vogel

zog

zwaan

mjellmë

wild zwijn

derr i egër

hert

dre

eland

dre brilopatë

stuwdam

digë

windmolen

turbinë ere

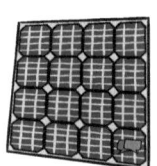

zonnepaneel

panel diellor

klimaat

klimë

restaurant
restorant

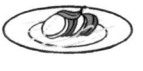

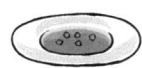

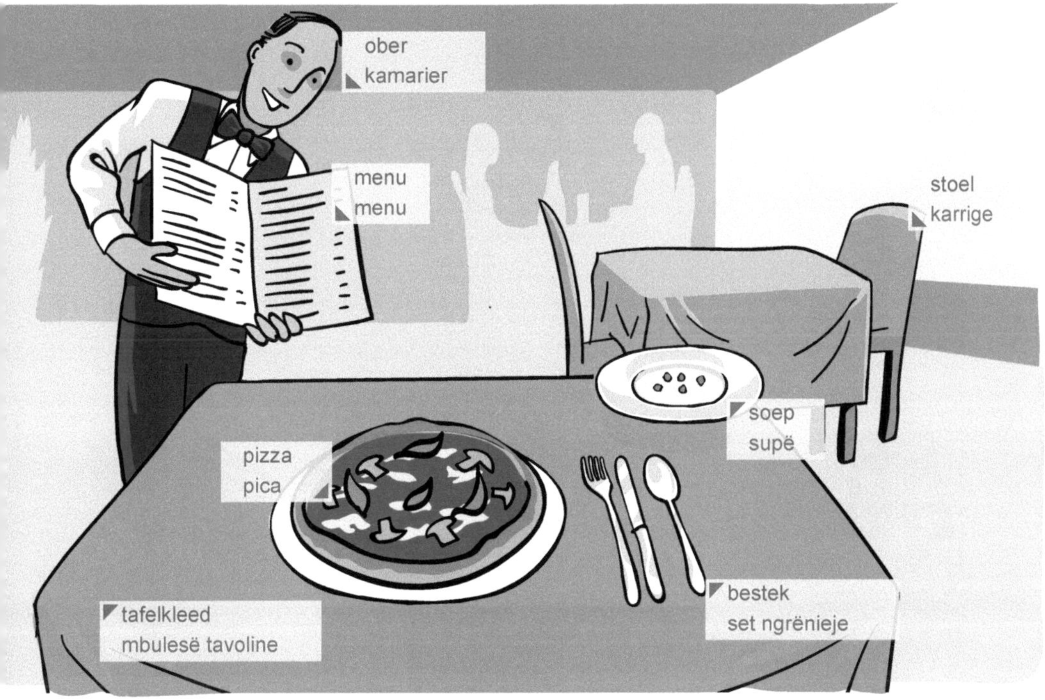
ober
kamarier
menu
menu
stoel
karrige
soep
supë
pizza
pica
bestek
set ngrënieje
tafelkleed
mbulesë tavoline

voorgerecht

pjatë e parë

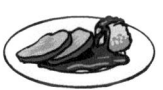

hoofdgerecht

pjatë kryesore

toetje

ëmbëlsirë

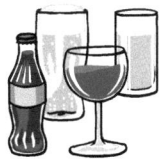

dranken

pije

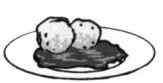

eten

ushqim

fles

shishe

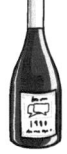

fastfood

ushqim i shpejtë

eetkraampje

ushqim i shërbyer në rrugë

theepot

ibrik çaji

suikerpot

kuti sheqeri

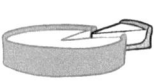

portie

racion

espressomachine

makinë kafeje ekspres

kinderstoel

karrige e lartë

rekening

faturë

dienblad

tabaka

mes

thika

vork

pirun

lepel

lugë

theelepel

lugë çaji

servet

pecetë

glas

gotë

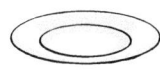

bord
pjatë

soepbord
pjatë supe

schotel
pjatë filxhani

saus
salcë

zoutvaatje
mbajtëse kripe

pepermolen
mulli piperi

azijn
uthull

olie
vaj

kruiden
erëza

ketchup
keçap

mosterd
mustardë

mayonaise
majonezë

supermarkt
supermarket

aanbieding
ofertë speciale
klant
klient
zuivelproducten
produkte bulmeti
fruit
frut
winkelwagen
karrocë pazari
FOR

BUTCHERS

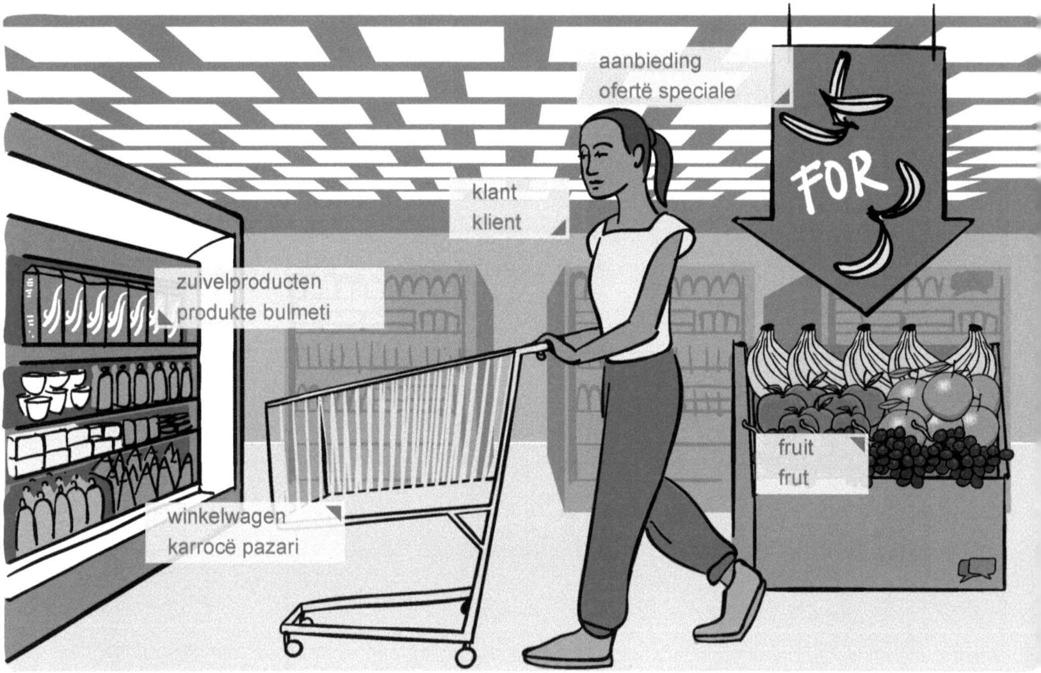

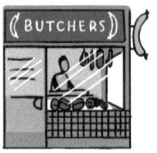

slager

dyqan mishi

BAKERY

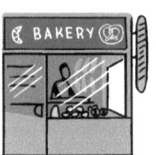

bakkerij

furrë buke

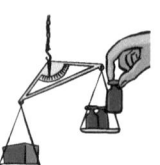

wegen

peshoj

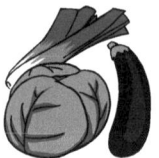

groente

perime

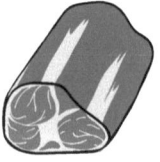

vlees

mish

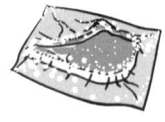

diepvriesproducten

ushqim i ngrirë

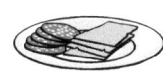

vleeswaren
copë

conserven
ushqim i konservuar

wasmiddel
pluhur larës

snoepgoed
ëmbëlsirat

huishoudelijke artikelen
prodhime shtëpie

schoonmaakmiddel
produkte pastrimi

verkoopster
shitëse

kassa
kasë fiskale

kassier
arkëtar

boodschappenlijstje
listë blerjeje

openingstijden
oraret e punës

portefeuille
portofol

creditkaart
kartë krediti

tas
çantë

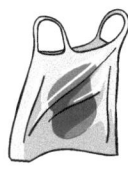

plastic zak
qese plastike

water
ujë

sap
lëng frutash

melk
qumësht

cola
koka-kola

wijn
verë

bier
birrë

alcohol
alkool

chocolademelk
kakao

thee
çaj

koffie
kafe

espresso
kafe ekspres

cappuccino
kapuçino

banaan

banane

appel

mollë

sinaasappel

portokalle

watermeloen

pjepër

citroen

limon

wortel

karrotë

knoflook

hudhër

bamboe

bambu

ui

qepë

paddenstoel

kërpudha

noten

arra

pasta

makarona

spaghetti

spageti

rijst

oriz

salade

sallatë

friet

patate të skuqura

gebakken aardappelen

patate të skuqura

pizza

pica

hamburger

hamburger

sandwich

sanduiç

schnitzel

shnicel

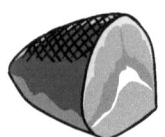

ham

proshutë

salami

sallam

worst

salçiçe

kip

pulë

gebraad

skuq

vis

peshk

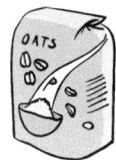

havermout

tërshërë

muesli

drithëra

cornflakes

kornfleiks

meel

miell

croissant

kruasant

broodjes

panine

brood

bukë

toast

tost

koekjes

biskotë

boter

gjalp

kwark

gjizë

taart

tortë

ei

vezë

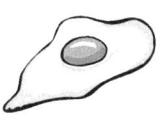

gebakken ei

vezë sy

kaas

djathë

ijs

akullore

suiker

sheqer

honing

mjaltë

jam

marmaladë

chocoladepasta

çokokrem

kerrie

këri

boerderij
fermë

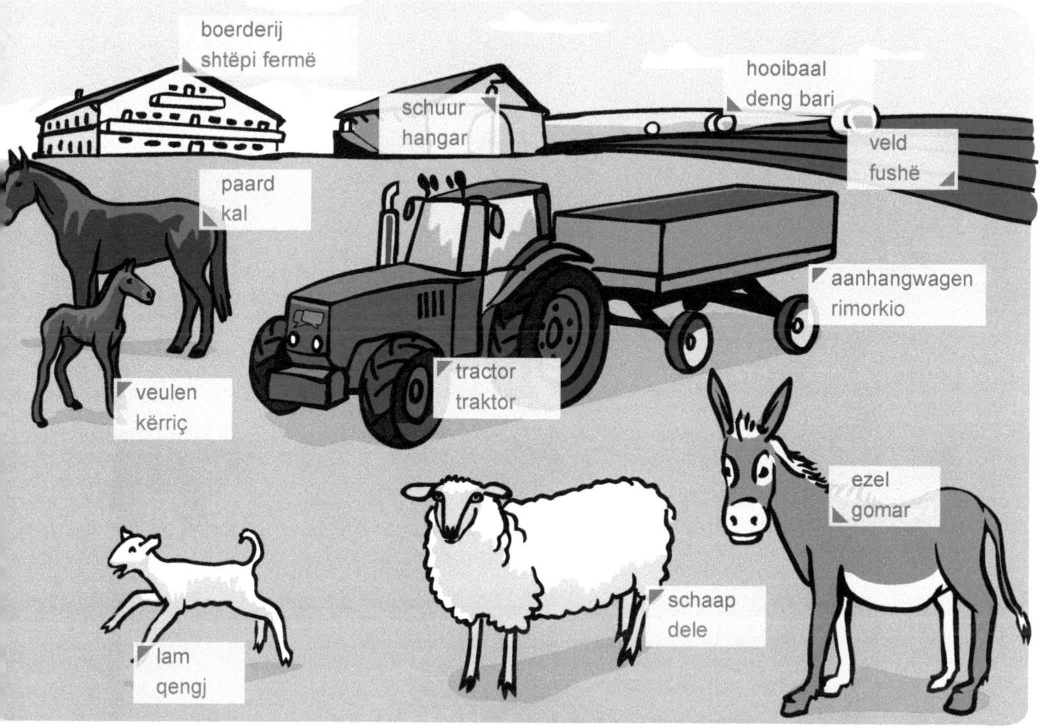
boerderij
shtëpi fermë
schuur
hangar
hooibaal
deng bari
veld
fushë
paard
kal
aanhangwagen
rimorkio
tractor
traktor
veulen
kërriç
ezel
gomar
schaap
dele
lam
qengj

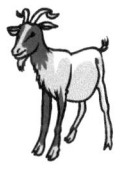

geit
....
dhi

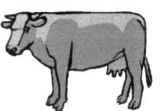

koe
....
lopë

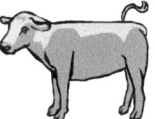

kalf
....
viç

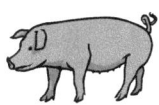

varken
....
derr

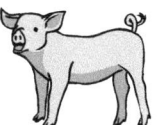

big
....
derrkuc

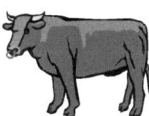

stier
....
dem

gans

patë

eend

rosë

kuiken

zog pule

kip

pulë

haan

gjel

rat

mi

kat

mace

muis

mi

os

buall

hond

qen

hondenhok

kolibe qeni

tuinslang

zorrë vaditëse

gieter

vaditëse

zeis

kosë

ploeg

plug

boerderij - fermë

sikkel

drapër

schoffel

shat

hooivork

kosa

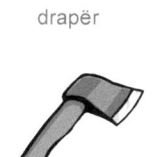

bijl

sëpatë

kruiwagen

karrocë

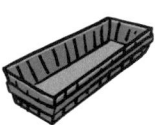

trog

govatë

melkbus

bidon qumështi

zak

thes

hek

gardh

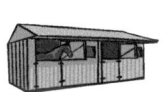

stal

ahur

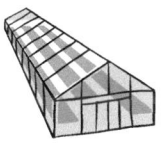

broeikas

serë

grond

dhe

zaad

farë

mest

pleh

maaidorser

autokombanjë

oogsten

korr

oogst

te korrat

yam

patate e ëmbël "Yam"

tarwe

grurë

soja

soja

aardappel

patate

maïs

misër

koolzaad

raps

fruitboom

pemë frutore

maniok

zhardhok manioku

granen

drithëra

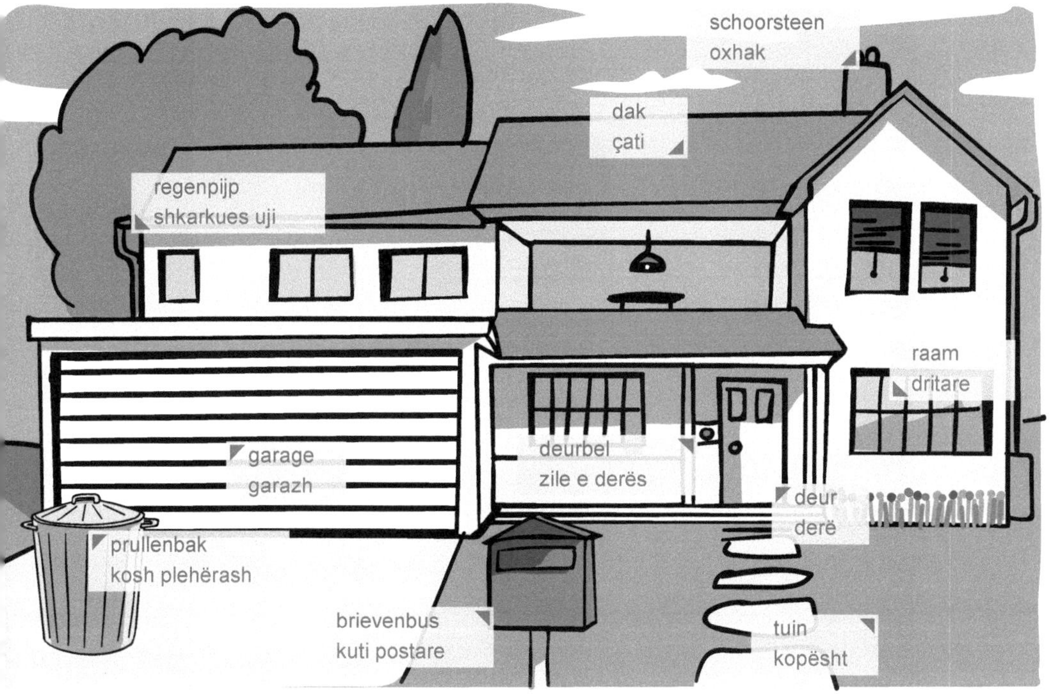

schoorsteen
oxhak

dak
çati

regenpijp
shkarkues uji

raam
dritare

garage
garazh

deurbel
zile e derës

deur
derë

prullenbak
kosh plehërash

brievenbus
kuti postare

tuin
kopësht

woonkamer
dhomë ndenjeje

badkamer
tualet

keuken
kuzhinë

slaapkamer
dhomë gjumi

kinderkamer
dhomë fëmijësh

eetkamer
dhomë ngrënieje

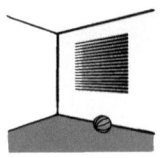

vloer

dysheme

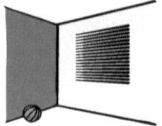

muur

mur

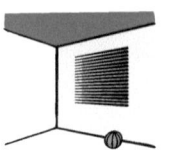

plafond

tavan

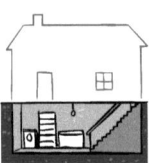

kelder

bodrum

sauna

sauna

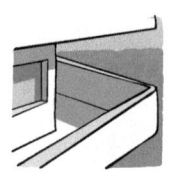

balkon

ballkon

terras

tarracë

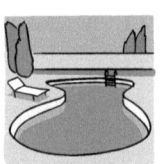

zwembad

pishinë

grasmaaier

kositëse bari

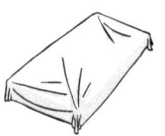

laken

çarçaf

bedsprei

kuvertë

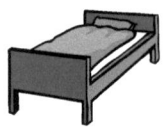

bed

krevat

bezem

fshesë dore

emmer

kovë

schakelaar

çelës

woonkamer
dhomë ndenjeje

behang
tapiceri
foto
fotografi
lamp
llambë
plank
raft
kast
dollap
televisie
pajisje televizive
open haard
vatër
bloem
lule
kussen
jastëk
bankstel
divan
vaas
vazo
afstandsbediening
telekomandë

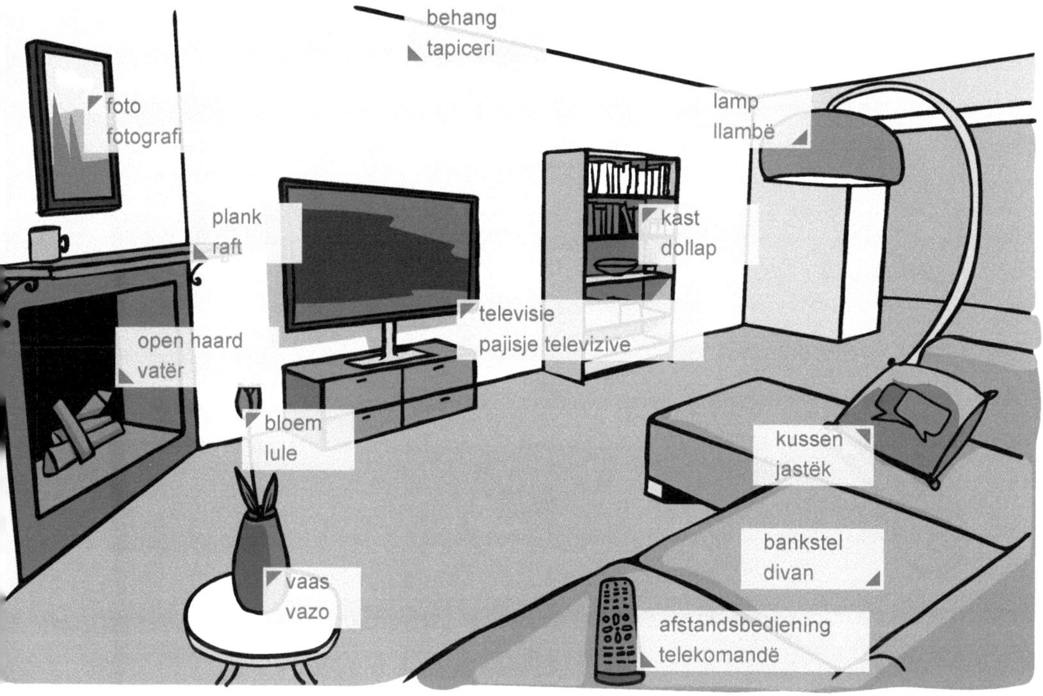

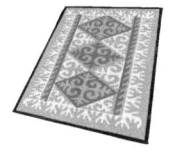

tapijt

qilim

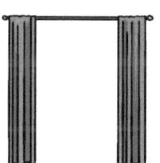

gordijn

perde

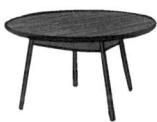

tafel

tavolinë

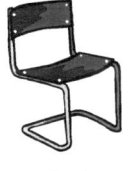

stoel

karrige

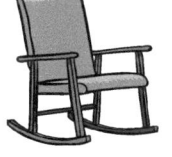

schommelstoel

karrige lëkundëse

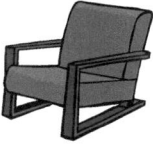

stoel

kolltuk

boek

libri

deken

batanije

decoratie

zbukurime

brandhout

dru zjarri

film

film

stereo-installatie

stereo

sleutel

çelës

krant

gazetë

schilderij

pikturë

poster

afishe

radio

radio

kladblok

bllok shënimesh

stofzuiger

fshesë me korent

cactus

kaktus

kaars

qiri

keuken
kuzhinë

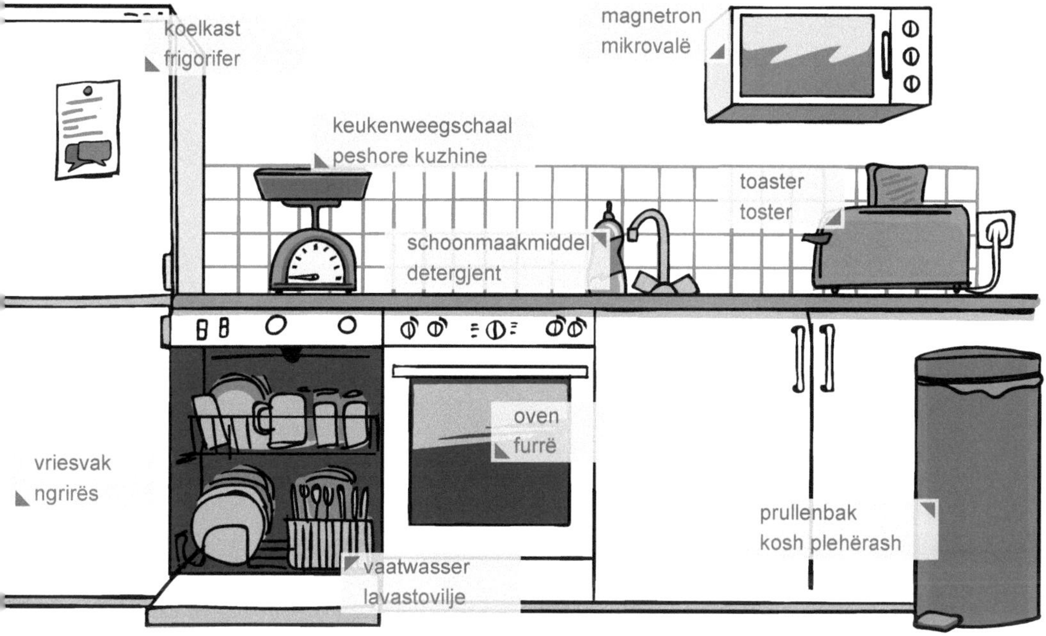
koelkast
frigorifer
magnetron
mikrovalë
keukenweegschaal
peshore kuzhine
toaster
toster
schoonmaakmiddel
detergjent
oven
furrë
vriesvak
ngrirës
prullenbak
kosh plehërash
vaatwasser
lavastovilje

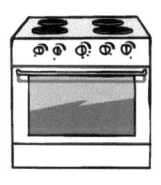

fornuis
....
sobë

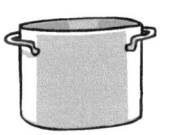

pan
....
tenxhere

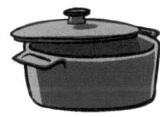

gietijzeren pan
....
tenxhere me kapak

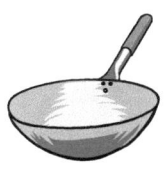

wok / kadai
....
tigan special (Wok)

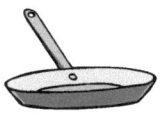

koekenpan
....
tigan

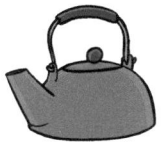

ketel
....
çajnik

stoomkoker

tenxhere me avull

bakplaat

tavë pjekjeje

servies

enë

beker

filxhan

kom

tas

eetstokjes

shkopinj

soeplepel

garuzhde

spatel

spatul

garde

tel kuzhine

vergiet

kulluese

zeef

sitë

rasp

rende

vijzel

havan

barbecue

skarë

vuurhaard

zjarr

snijplank

dërrasë për prerje

deegroller

okllai

kurkentrekker

heqëse tapash

blik

kanaçe

blikopener

hapëse kanaçeje

pannenlap

rrobë për të kapur tenxheren

wasbak

lavaman

borstel

furçë

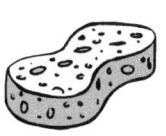

spons

sfungjer

blender

përzjerës

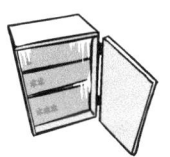

vriezer

ngrirës

babyflesje

biberon për lëngje

kraan

rubinet

badkamer

tualet

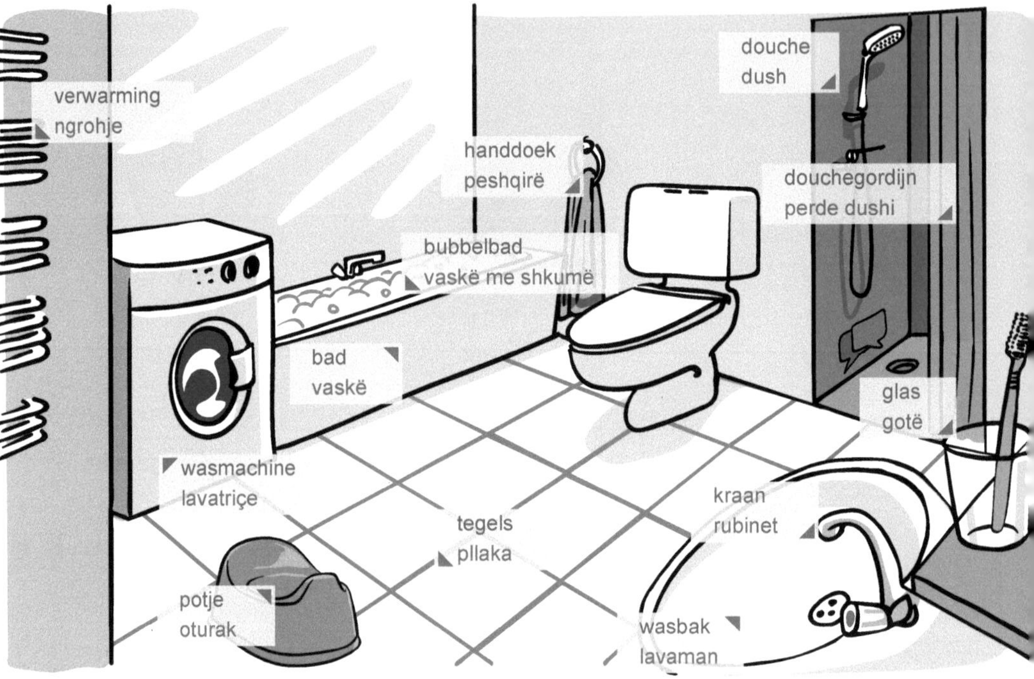

verwarming
ngrohje
douche
dush
handdoek
peshqirë
douchegordijn
perde dushi
bubbelbad
vaskë me shkumë
bad
vaskë
glas
gotë
wasmachine
lavatriçe
kraan
rubinet
tegels
pllaka
potje
oturak
wasbak
lavaman

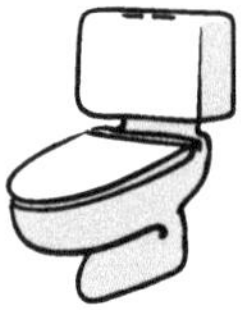

toilet
....
tualet

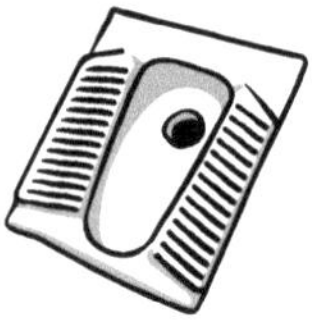

hurktoilet
....
WC e sheshtë

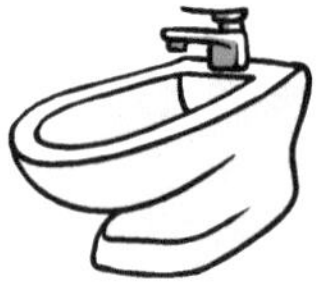

bidet
....
bide

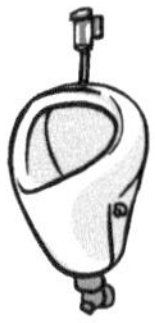

urinoir
....
tualet publik

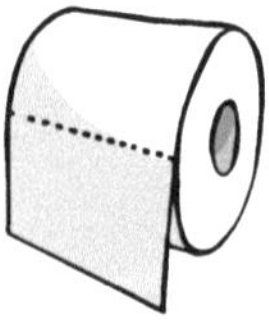

toiletpapier
....
letër higjienike

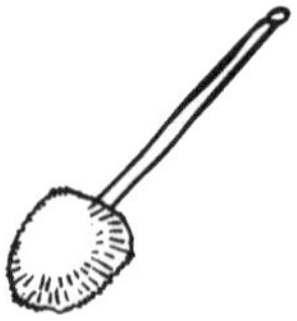

toiletborstel
....
furçe për WC

tandenborstel

furçë dhëmbësh

tandpasta

pastë dhëmbësh

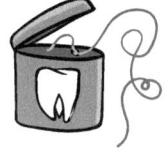

flosdraad

fije dentare

wassen

laj

handdouche

dorezë dushi

toiletdouche

larës për zonën intime

waskom

legen

rugborstel

furçë për masazh shpine

zeep

sapun

douchegel

shampo trupi

shampoo

shampo

washanje

leckë pastruese

afvoer

kullues

creme

krem

deodorant

antidjersë

spiegel

pasqyrë

make-upspiegel

pasqyrë dore

scheermes

brisk rroje

scheerschuim

shkumë rroje

aftershave

locion pas rrojes

kam

krehër

borstel

furçë

haardroger

tharëse flokësh

haarspray

llak për flokët

make-up

grim

lippenstift

buzëkuq

nagellak

manikyr

watten

mbushje pambuku

nagelschaartje

gërshërë për thonj

parfum

parfum

toilettas

çantë për sendet personale

kruk

Stol

weegschaal

peshore

badjas

robëdëshambër

rubber handschoenen

dorashka gome

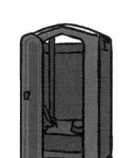

tampon

tampon

maandverband

peceta higjienike

chemisch toilet

tualet I lëvizshëm

kinderkamer
dhomë fëmijësh

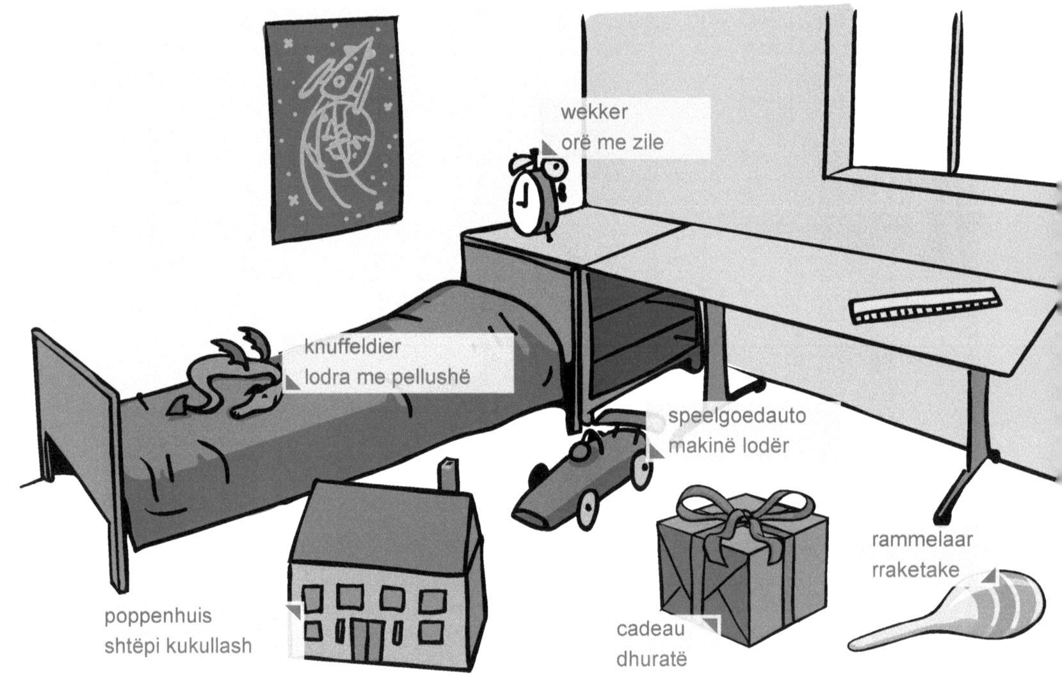

wekker
orë me zile
knuffeldier
lodra me pellushë
speelgoedauto
makinë lodër
rammelaar
rraketake
poppenhuis
shtëpi kukullash
cadeau
dhuratë

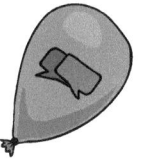

ballon

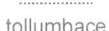

tollumbace

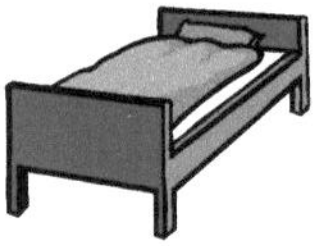

bed

krevat

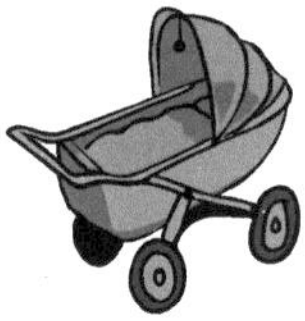

kinderwagen

karrocë fëmijësh

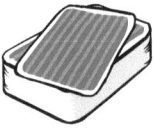

kaartspel

lojë me letra

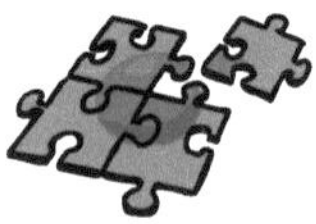

puzzel

bashkim pjesësh me figura

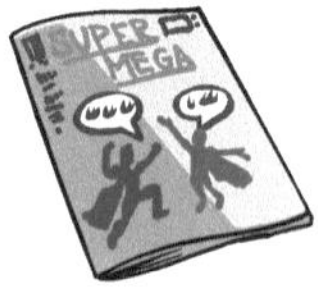

SUPER
MEGA

stripverhaal

komik

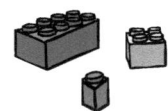

legostenen

formuese lodër

speelgoedblokken

kuba plastikë

actiefiguurtje

lodra

romper

badi

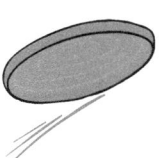

frisbee

frizbi

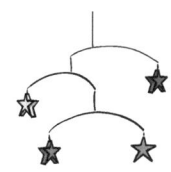

mobile

lodra të varura tek krevati i fëmijëve

bordspel

tavolinë lojërash

dobbelsteen

zare

modeltrein

model treni

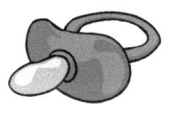

speen

biberon

feestje

festë

prentenboek

libër me ilustrime

bal

top

pop

kukull

spelen

luaj

zandbak

grumbull rëre

schommel

kolovarëse

speelgoed

lodra

spelcomputer

leva për lojra video

driewieler

triçikël

teddybeer

arush prej pellushi

kleerkast

garderobë

kleding
veshje

sokken

çorape

kousen

çorape të gjata

panty

geta

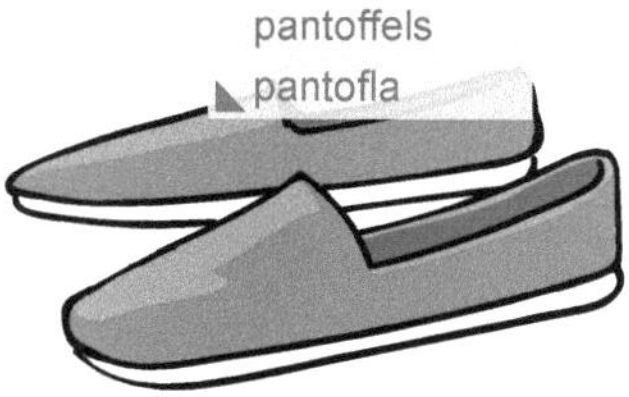

sjaal
shall

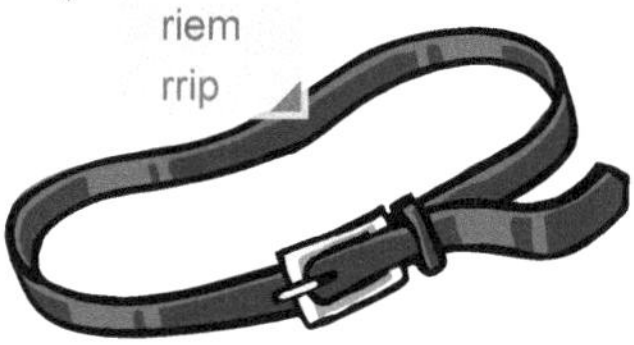

riem
rrip

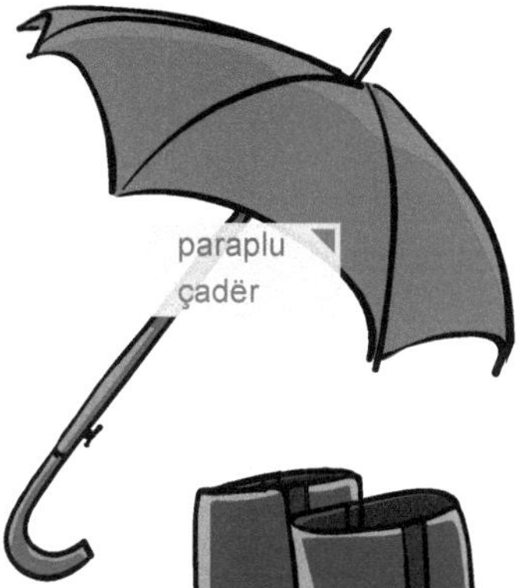

paraplu
çadër

T-shirt
bluzë pa jakë

laarzen
çizme

pantoffels
pantofla

sportschoenen
atlete

sandalen
sandale

schoenen
këpucë

rubberlaarzen
çizme llastiku

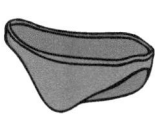

onderbroek
të mbathura

beha
reçipeta

onderhemd
kanotierë

body

trup

broek

pantallona

spijkerbroek

xhinse

rok

fund

blouse

bluzë

overhemd

këmishë

trui

pulovër

hoody

triko

blazer

xhaketë

jas

xhaketë

mantel

pallto

regenjas

mushama shiu

kostuum

kostum

jurk

fustan

trouwjurk

fustan nusërie

pak

kostum

nachthemd

këmishë nate

pyjama

pizhama

sari

sari (veshje tradicionale indiane)

hoofddoek

shami koke

tulband

çallmë

boerka

veshje për femrat e besimit musliman

kaftan

kaftan (lloj veshjeje tradicionale)

abaja

ferexhe

zwempak

kostum banje

zwembroek

rroba banje

korte broek

pantallona të shkurtra

trainingspak

tuta sporti

schort

përparëse

handschoenen

dorashka

kleding - veshje

knoop

kopsë

bril

syze

armband

byzylyk

ketting

gjerdan

ring

unazë

oorbel

vath

pet

kapuç

kledinghanger

varëse për pallto

hoed

kapele

stropdas

kravatë

rits

zinxhir

helm

helmetë

bretels

tiranda

schooluniform

uniformë shkolle

uniform

uniformë

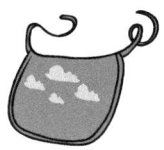

slabbetje

gushore

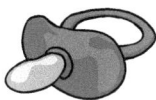

speen

biberon

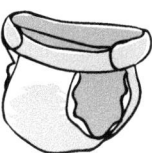

luier

pelenë

kantoor

zyrë

server
server
archiefkast
skedar
printer
printer
papier
letër
beeldscherm
ekran
muis
maus
bureau
tavolinë
map
dosje
toetsenbord
tastierë
prullenmand
kosh letrash
computer
kompjuter
stoel
karrige

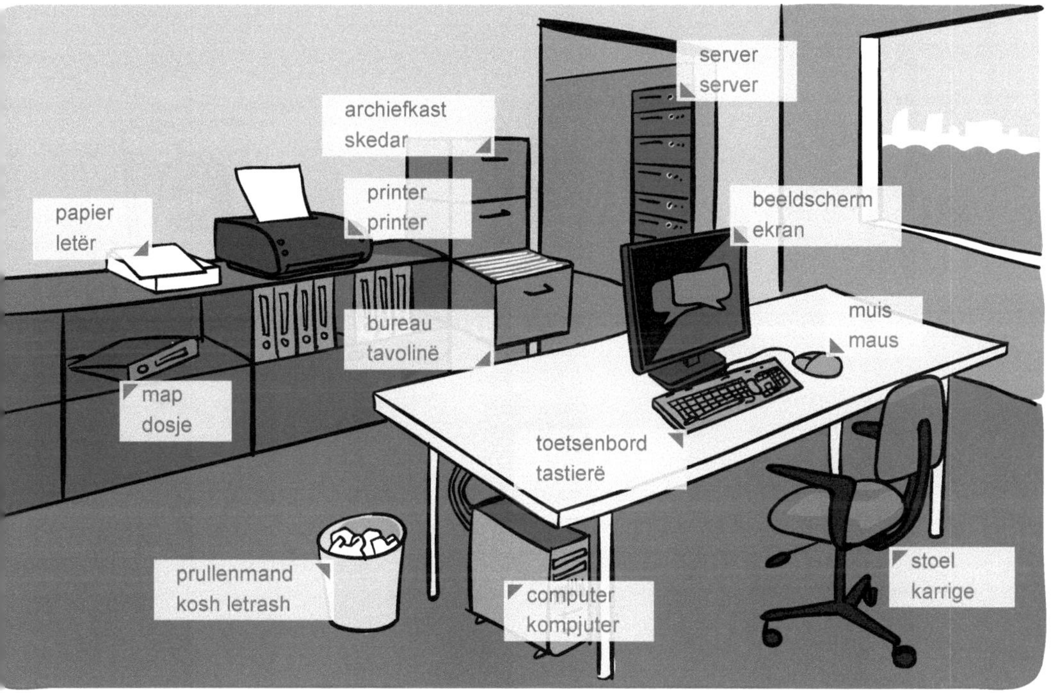

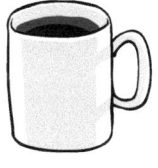

koffiemok

filxhan kafeje

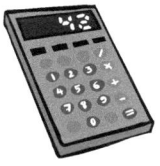

rekenmachine

makinë llogaritëse

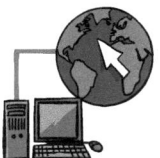

internet

internet

laptop
kompjuter portativ

brief
letër

bericht
mesazh

mobiele telefoon
telefon

netwerk
rrjet

kopieermachine
fotokopje

software
program

telefoon
telefon

stopcontact
prizë

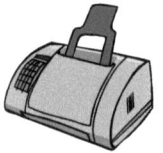

fax
pajisje faksi

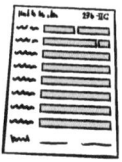

formulier
formular

document
dokument

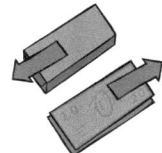

kopen
blej

betalen
paguaj

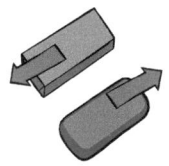

handel drijven
tregtoj

geld
para

dollar
dollar

euro
euro

yen
jen

roebel
rubla

Zwitserse frank
franga zvicerane

renminbi yuan
juani kinez

roepie
rupje

geldautomaat
bankomat

wisselkantoor

pikë këmbimi valutor

goud

ar

zilver

argjend

olie

nafta

energie

energji

prijs

çmim

contract

kontratë

belasting

taksë

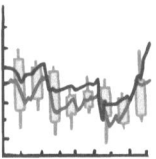

aandeel

aksione

werken

punoj

werknemer

punonjës

werkgever

punëdhënës

fabriek

fabrikë

winkel

dyqan

economie - ekonomi

beroepen
profesionet

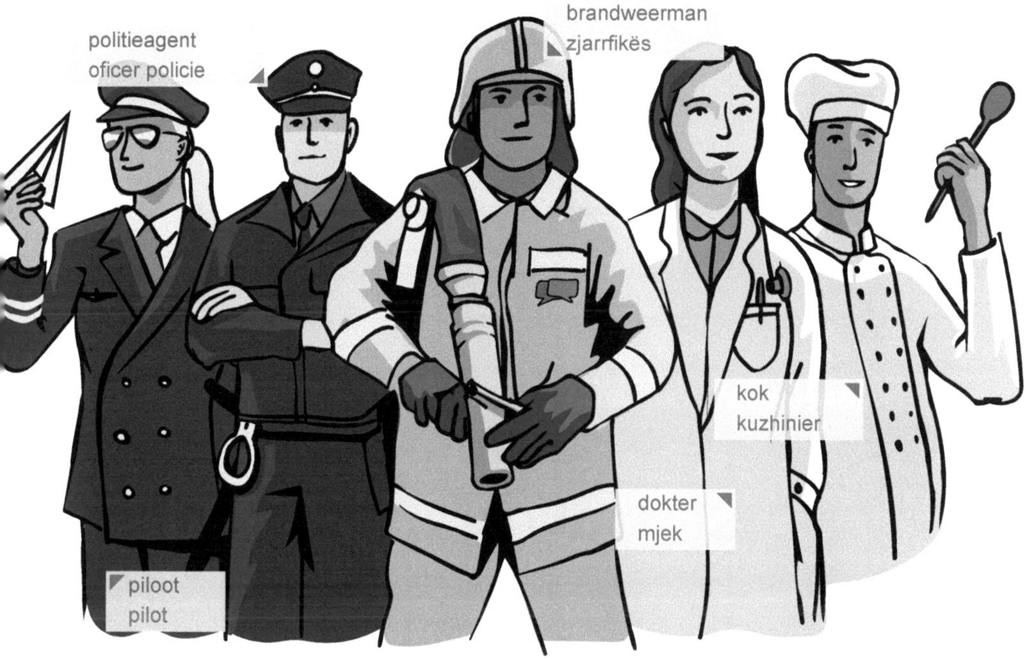
brandweerman
zjarrfikës
politieagent
oficer policie
kok
kuzhinier
dokter
mjek
piloot
pilot

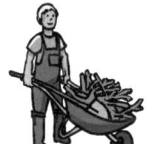

tuinman

kopshtar

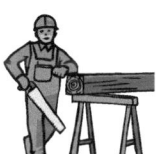

timmerman

marangoz

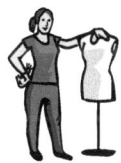

naaister

rrobaqepëse

rechter

gjykatës

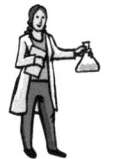

scheikundige

kimist

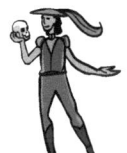

toneelspeler

aktor

buschauffeur

shofer autobuzi

taxichauffeur

taksist

visser

peshkatar

schoonmaakster

pastruese

dakdekker

riparues çatish

ober

kamarier

jager

gjuetar

schilder

piktor

bakker

furrxhi

elektricien

elektriçist

bouwvakker

ndërtues

ingenieur

inxhinier

slager

kasap

loodgieter

hidraulik

postbode

postieri

soldaat

ushtar

architect

arkitekt

kassier

arkëtar

bloemist

luleshitës

kapper

berber

conducteur

kontrollor

monteur

mekanik

kapitein

kapiten

tandarts

dentist

wetenschapper

shkencëtar

rabbi

rabin

imam

imam

monnik

murg

pastoor

klerik

gereedschap
mjete

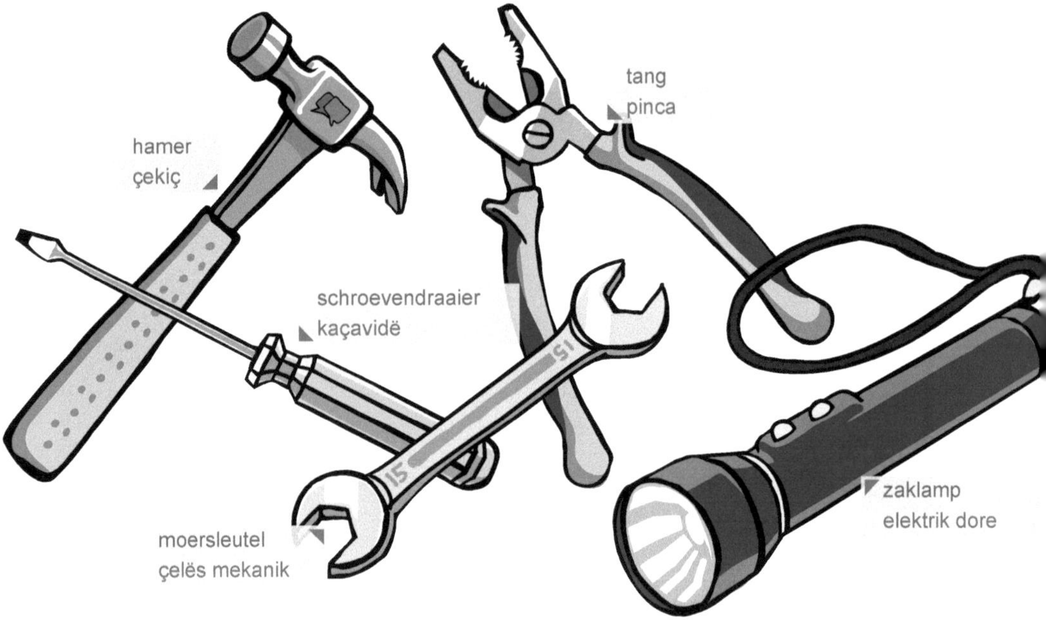
hamer
çekiç
tang
pinca
schroevendraaier
kaçavidë
moersleutel
çelës mekanik
zaklamp
elektrik dore

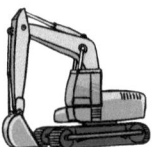

graafmachine

ekskavator

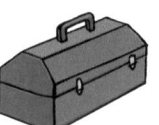

gereedschapskist

kuti veglash

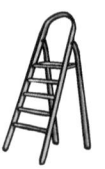

ladder

shkallë

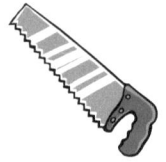

zaag

sharrë

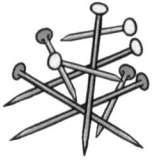

spijkers

gozhdë

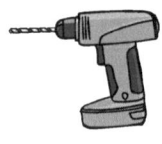

boor

trapan

repareren
riparoj

schep
lopatë

Verdorie!
Dreq!

stofblik
kaci

verfpot
kuti boje

schroeven
vidhë

muziekinstrumenten
instrumenta muzikorë

luidspreker
altoparlant

drumstel
bateri ◢

contrabas
kontrabas

trompet
trompë

gitaar
kitare ◢

piano
piano

viool
violinë

bas
bas

pauk
tamburë

trommel
daulle

keyboard
tastierë pianoje

saxofoon
saksofon

fluit
flaut

microfoon
mikrofon

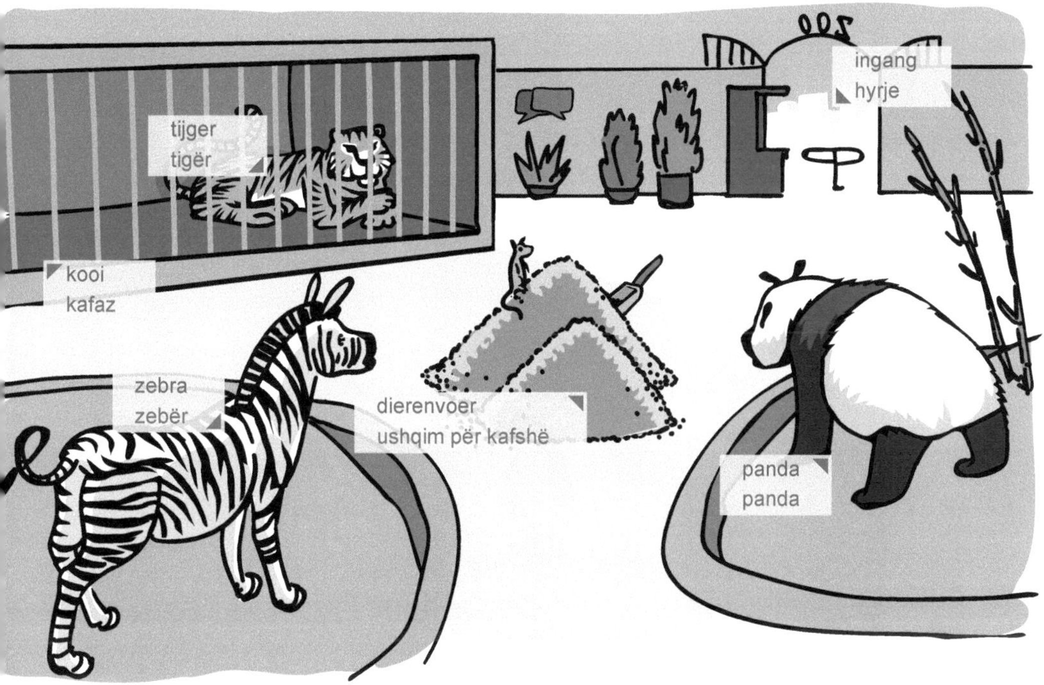

ingang
hyrje

tijger
tigër

kooi
kafaz

zebra
zebër

dierenvoer
ushqim për kafshë

panda
panda

dieren
kafshë

olifant
elefant

kangoeroe
kangur

neushoorn
rinoceront

gorilla
gorillë

beer
ari

kameel

deve

struisvogel

struc

leeuw

luan

aap

majmun

flamingo

flamingo

papegaai

papagall

ijsbeer

ari polar

pinguïn

pinguin

haai

peshkaqen

pauw

pallua

slang

gjarpër

krokodil

krokodil

dierenverzorger

punonjës i kopshtit zoologjik

zeehond

fokë

jaguar

xhaguar

pony

poni

luipaard

leopard

nijlpaard

hipopotam

giraffe

gjirafë

adelaar

shqiponjë

wild zwijn

derr i egër

vis

peshk

schildpad

breshkë

walrus

lopë deti

vos

dhelpër

gazelle

gazelë

American football
futboll amerikan

wielrennen
çiklizëm

tennis
tenis

basketbal
basketboll

zwemmen
not

boksen
boks

ijshockey
hokej mbi akull

voetbal
futboll

badminton
badminton

atletiek
atletikë

handbal
hendboll

skiën
ski

polo
polo

springen
hidhem

knuffelen
përqafoj

lachen
qesh

lopen
eci

zingen
këndoj

dromen
ëndërroj

bidden
lutem

kussen
puth

schrijven
shkruaj

tekenen
vizatoj

tonen
tregoj

duwen
shtyj

geven
jap

oppakken
marr

hebben

kam

doen

bëj

zijn

jam

staan

qëndroj

rennen

vrapoj

trekken

tërheq

gooien

hedh

vallen

bie

liggen

shtrihem

wachten

pres

dragen

mbaj

zitten

ulem

aankleden

vishem

slapen

fle

wakker worden

zgjohem

bekijken

shikoj

huilen

qaj

strelen

përkëdhel

kammen

kreh

praten

bisedoj

begrijpen

kuptoj

vragen

kërkoj

horen

dëgjoj

drinken

pi

eten

ha

opruimen

sistemoj

houden van

dashuroj

koken

gatuaj

rijden

drejtoj makinën

vliegen

fluturoj

zeilen

lundroj

rekenen

llogaris

lezen

lexoj

leren

mësoj

werken

punoj

trouwen

martohem

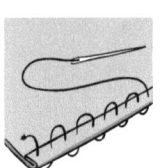

naaien

qep

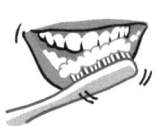

tandenpoetsen

laj dhëmbët

doden

vras

roken

tymos

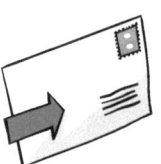

verzenden

dërgoj

grootmoeder
gjyshe

grootvader
gjysh

vader
baba

moeder
nënë

baby
bebe

dochter
vajzë

zoon
djalë

gast
mysafir

tante
teze, hallë

oom
dajë, xhaxha

broer
vëlla

zus
motër

lichaam
trupi

voorhoofd
balli
oog
syri
schouder
shpatulla
vinger
gishti
gezicht
fytyra
kin
mjekra
hand
dora
been
këmba
borst
krahërori
arm
krahu

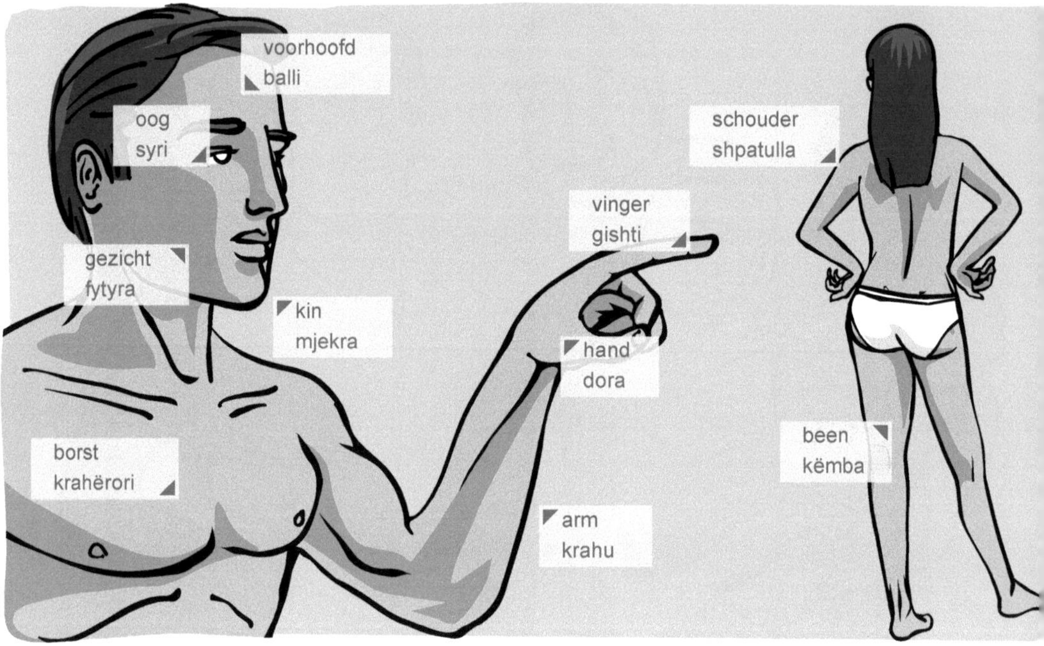

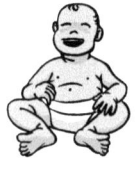

baby
bebe

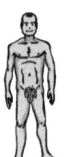

man
burrë

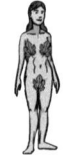

vrouw
grua

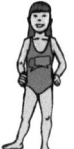

meisje
vajzë

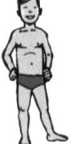

jongen
djalë

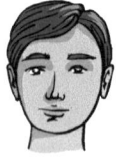

hoofd
koka

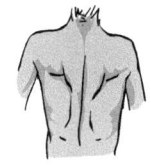

rug
shpina

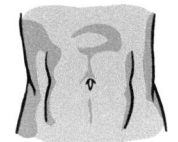

buik
barku

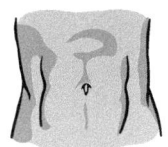

navel
kërthiza

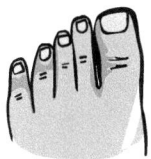

teen
gisht këmbe

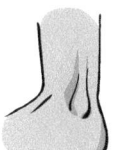

hiel
Thembra

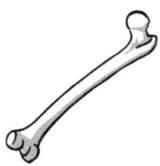

bot
kockë

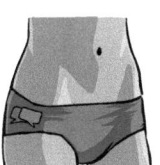

heup
legeni

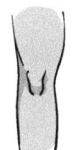

knie
gjuri

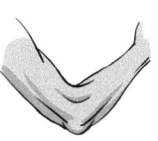

elleboog
bërryli

neus
hunda

achterwerk
vithe

huid
lëkura

wang
faqja

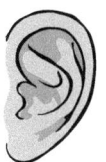

oor
veshi

lippen
buza

mond

goja

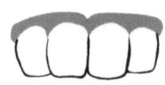

tand

dhëmbët

tong

gjuha

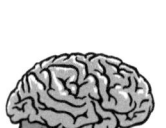

hersenen

truri

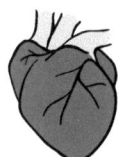

hart

zemra

spier

muskul

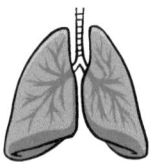

long

mushkëria

lever

mëlçia

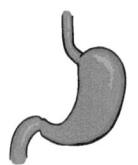

maag

stomaku

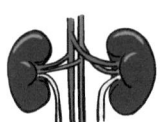

nieren

veshka

geslachtsgemeenschap

seks

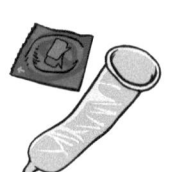

condoom

prezervativ

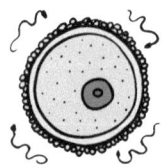

eicel

veza

sperma

sperma

zwangerschap

shtatëzani

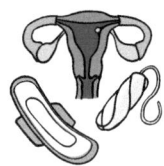

menstruatie
menstruacione

vagina
vagina

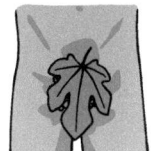

penis
penis

wenkbrauw
vetulla

haar
flokët

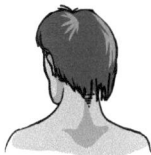

hals
qafa

ziekenhuis
spital

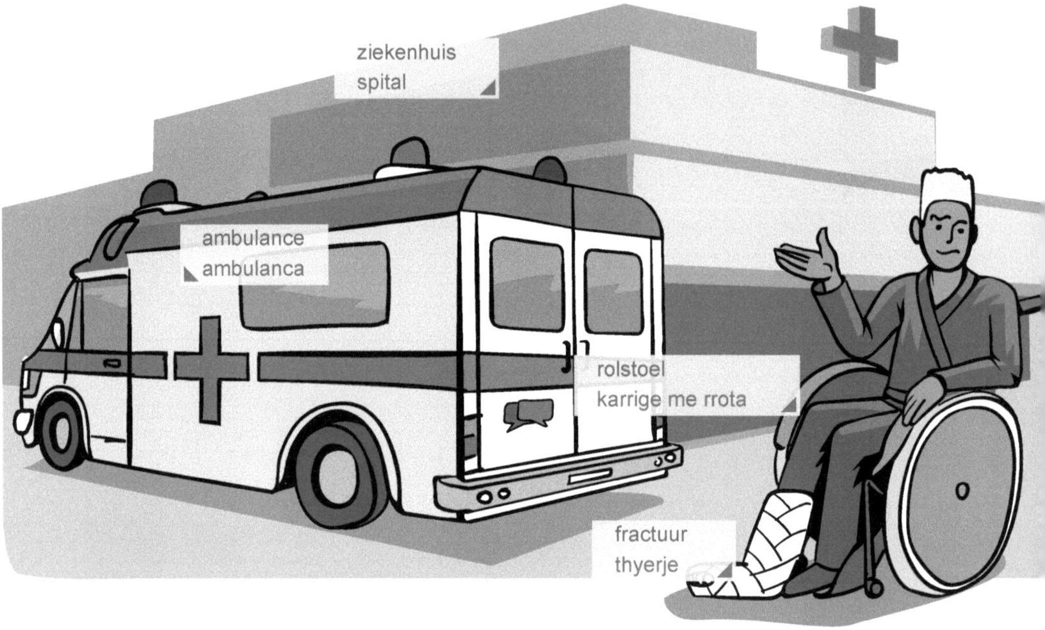

ziekenhuis
spital
ambulance
ambulanca
rolstoel
karrige me rrota
fractuur
thyerje

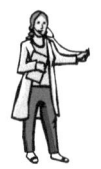

dokter
mjek

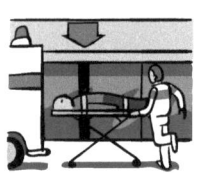

EHBO
sallë urgjencash

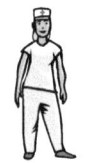

verpleegster
infermiere

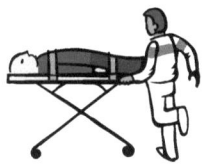

noodgeval
emergjencë

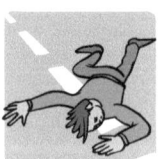

bewusteloos
i pandërgjegjshëm

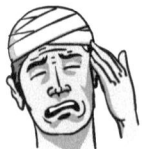

pijn
dhimbje

verwonding

dëmtim

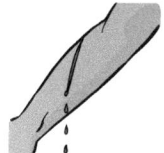

bloeding

gjakosje

hartaanval

infarkt

beroerte

goditje

allergie

alergji

hoest

kolla

koorts

ethe

griep

grip

diarree

diarre

hoofdpijn

dhimbje koke

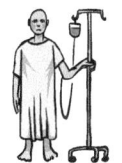

kanker

kancer

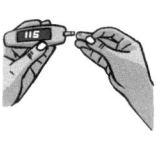

diabetes

diabet

chirurg

kirurg

scalpel

bisturi

operatie

operacion

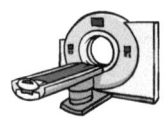

CT

CT (skaner)

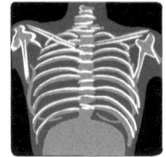

röntgen

radiografi

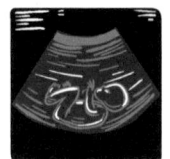

echografie

ultratingull

gezichtsmasker

maskë fytyre

ziekte

sëmundje

wachtkamer

dhomë pritjeje

kruk

paterica

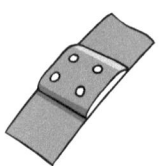

pleister

leukoplast

verband

fasho

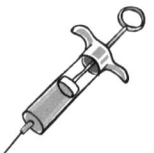

injectie

injeksion

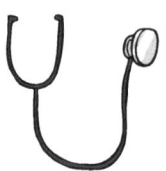

stethoscoop

stetoskop

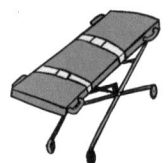

brancard

barelë

thermometer

termometër

geboorte

lindje

overgewicht

mbipeshë

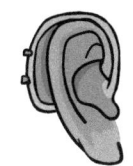

gehoorapparaat

aparat dëgjimi

ontsmettingsmiddel

dezinfektant

infectie

infeksion

virus

virus

HIV / AIDS

HIV / AIDS

medicijn

mjekësi, mjekim

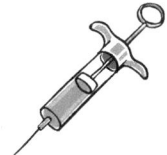

inenting

vaksinim

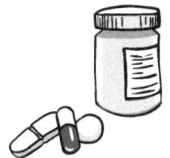

tabletten

tableta

pil

pilulë

alarmnummer

telefonatë emergjence

bloeddrukmeter

aparat tensioni

ziek / gezond

i sëmurë / i shëndetshëm

Help!

Ndihmë!

alarm

alarm

overval

sulm

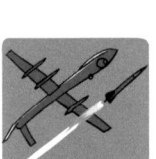

aanval

atak

gevaar

rrezik

nooduitgang

dalje emergjence

Brand!

Zjarr!

brandblusser

fikëse zjarri

ongeluk

aksident

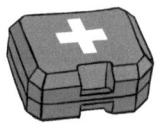

EHBO-koffer

kuti e ndimës së shpejtë

SOS

SOS

politie

policia

Europa

Europa

Noord-Amerika

Amerika e Veriut

Zuid-Amerika

Amerika e Jugut

Afrika

Afrika

Azië

Azia

Australië

Australia

Atlantische Oceaan

Atlantiku

Stille Oceaan

Paqësori

Indische Oceaan

Oqeani Indian

Zuidelijke Oceaan

Oqeani Antarktik

Noordelijke IJszee

Oqeani Arktik

Noordpool

Poli i veriut

Zuidpool

Poli i Jugut

Antarctica

Antarktida

aarde

toka

land

tokë

zee

det

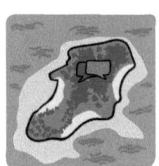

eiland

ishull

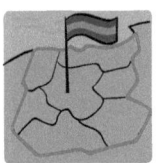

natie

komb

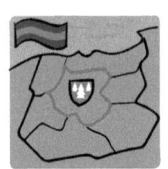

staat

shtet

wijzerplaat

fusha e orës

uurwijzer

akrepi i orës

minutenwijzer

akrepi i minutave

secondewijzer

akrepi i sekondave

Hoe laat is het?

Sa është ora?

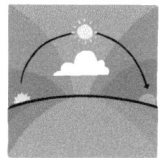

dag

ditë

tijd

kohë

nu

tani

digitaal horloge

orë dixhitale

minuut

minutë

uur

orë

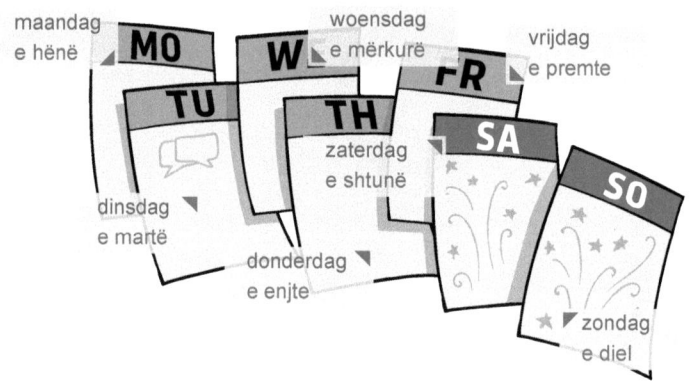

maandag
e hënë — **MO**

woensdag
e mërkurë — **W**

vrijdag
e premte — **FR**

TU

TH

dinsdag
e martë

zaterdag
e shtunë — **SA**

donderdag
e enjte

SO

zondag
e diel

gisteren
....
dje

vandaag
....
sot

morgen
....
nesër

ochtend
....
mëngjes

middag
....
mesditë

avond
....
mbrëmje

MO	TU	WE	TH	FR	SA	SU
1	2	3	4	5	6	7
8	9	10	11	12	13	14
15	16	17	18	19	20	21
22	23	24	25	26	27	28
29	30	31	1	2	3	4

werkdagen
....
ditë pune

MO	TU	WE	TH	FR	SA	SU
1	2	3	4	5	6	7
8	9	10	11	12	13	14
15	16	17	18	19	20	21
22	23	24	25	26	27	28
29	30	31	1	2	3	4

weekend
....
fundjavë

jaar
vit

regen
shi
regenboog
ylber
wind
erë
sneeuw
borë
voorjaar
pranverë
zomer
verë
herfst
vjeshtë
winter
dimër

4.APRIL 11°
5.APRIL 4°
6.APRIL 13°
7.APRIL 8°
8.APRIL 10°

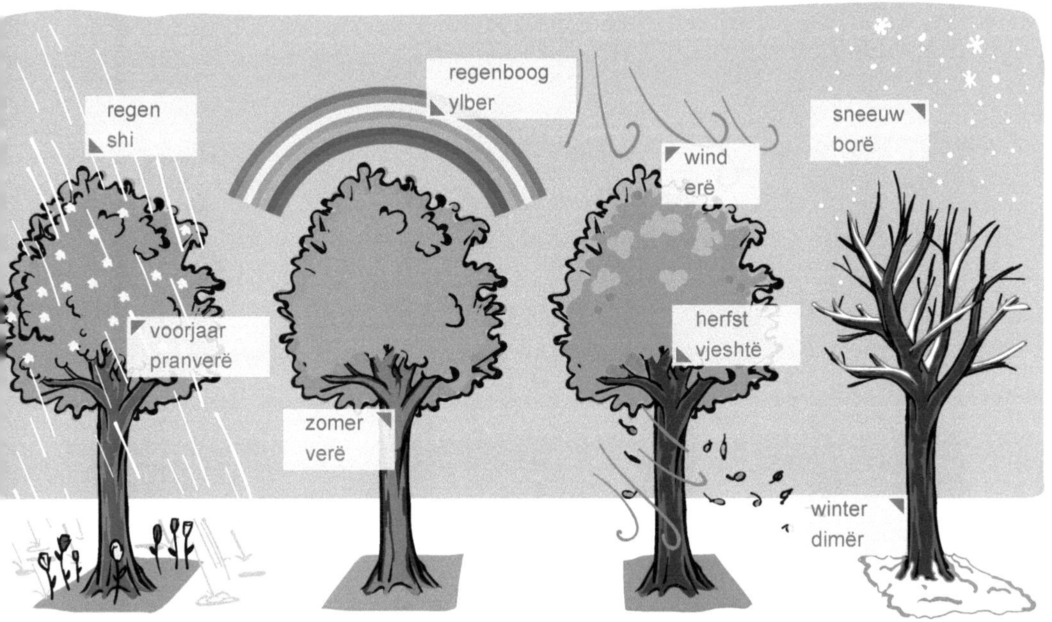

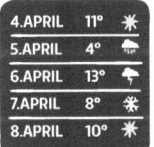

weerbericht

parashikimi i motit

F C
120 40
90 30
60 20
30 10
0 0
-30 -10
-20

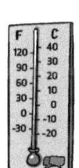

thermometer

termometër

zonneschijn

ndriçim dielli

wolk

re

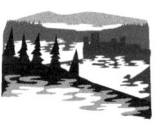

mist

mjegull

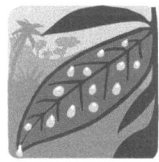

luchtvochtigheid

lagështi

bliksem

vetëtima

donder

gjëmim

storm

stuhi

hagel

breshër

moesson

muson

overstroming

përmbytje

ijs

akull

januari

janar

februari

shkurt

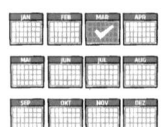

maart

mars

april

prill

mei

maj

juni

qershor

juli

korrik

augustus

gusht

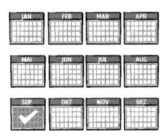

september
....
shtator

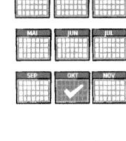

oktober
....
tetor

november
....
nëntor

december
....
dhjetor

vormen
forma

cirkel
....
rreth

vierkant
....
katror

rechthoek
....
drejtkëndësh

driehoek
....
trekëndësh

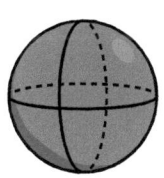

bol
....
sferë

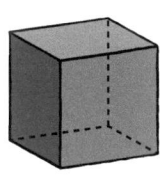

kubus
....
kub

kleuren
ngjyra

wit

e bardhë

geel

e verdhë

oranje

portokalli

roze

rozë

rood

e kuqe

paars

vjollcë

blauw

blu

groen

e gjelbër

bruin

kafe

grijs

gri

zwart

e zezë

veel / weinig

shumë / pak

boos / rustig

i nevrikosur / i qetë

mooi / lelijk

i bukur / i shëmtuar

begin / einde

fillim / fund

groot / klein

i madh / i vogël

licht / donker

i ndritshëm / i errët

broer / zus

vëlla / motër

schoon / vies

e pastër / e pistë

volledig / onvolledig

e plotë / jo e plotë

dag/ nacht

ditë / natë

dood / levend

gjallë / vdekur

breed / smal

i gjerë / i ngushtë

eetbaar / oneetbaar

i ngrënshëm / i pangrënshëm

gemeen / aardig

i keq / i këndshëm

opgewonden / verveeld

i lumtur / i mërzitur

dik / dun

i shëndoshë / i dobët

eerste / laatste

e para / e fundit

vol / leeg

plot / bosh

hard / zacht

e fortë / e butë

zwaar / licht

e rëndë / e lehtë

honger / dorst

uri / etje

ziek / gezond

i sëmurë / i shëndetshëm

illegaal / legaal

e paligjshme / e ligjshme

intelligent / dom

i zgjuar / budalla

links / rechts

majtas / djathtas

dichtbij / ver

afër / larg

Note: The dog/ball image (opgewonden/verveeld) is at position id 5.

nieuw / gebruikt
e re / e përdorur

niets / iets
asgjë / diçka

oud / jong
i moshuar / i ri

aan / uit
ndezur / fikur

open / gesloten
hapur / mbyllur

zacht / luid
i qetë / i zhurmshëm

rijk / arm
i pasur / i varfër

goed / fout
e drejtë / e gabuar

ruw / glad
i ashpër / i butë

verdrietig / gelukkig
i mërzitur / i lumtur

kort / lang
i shkurtër / i gjatë

langzaam / snel
ngadalë / shpejt

nat / droog
i lagësht / i thatë

warm / koel
ngrohtë / freskët

oorlog / vrede
luftë / paqe

0	**1**	**2**
nul	één	twee
zero	një	dy

3	**4**	**5**
drie	vier	vijf
tre	katër	pesë

6	**7**	**8**
zes	zeven	acht
gjashtë	shtatë	tetë

9	**10**	**11**
negen	tien	elf
nentë	dhjetë	njëmbëdhjetë

12

twaalf

dymbëdhjetë

13

dertien

trembëdhjetë

14

veertien

katërmbëdhjetë

15

vijftien

pesëmbëdhjetë

16

zestien

gjashtëmbëdhjetë

17

zeventien

shtatëmbëdhjetë

18

achttien

tetëmbëdhjetë

19

negentien

nentëmbëdhjetë

20

twintig

njëzetë

100

honderd

qind

1.000

duizend

mijë

1.000.000

miljoen

milion

Engels

anglisht

Amerikaans Engels

anglishte amerikane

Chinees Mandarijn

kinezisht mandarin

Hindi

hindi

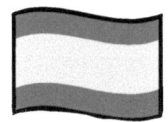

Spaans

spanjisht

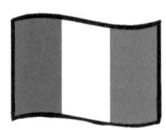

Frans

frëngjisht

Arabisch

arabisht

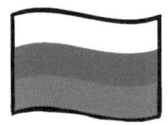

Russisch

rusisht

Portugees

portugalisht

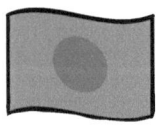

Bengalees

bengalisht

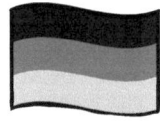

Duits

gjermanisht

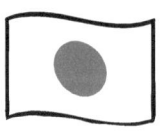

Japans

japonisht

ik

unë

jij

ti

hij / zij / het

ai / ajo

wij

ne

jullie

ju

zij

ata

wie?

kush?

wat?

çfarë?

hoe?

si?

waar?

ku?

wanneer?

kur?

naam

emër

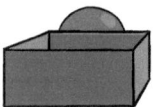

achter

pas

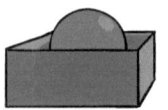

in

në

voor

përballë

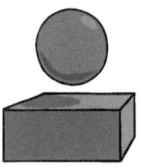

boven

sipër

op

mbi

onder

poshtë

naast

pranë

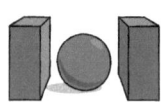

tussen

midis

plaats

vend